BANANA FISH

公式メモリアルフォトブック The Stage

―前編―

2021年6月10日～20日
天王洲 銀河劇場
全15ステージ

NEWYORK

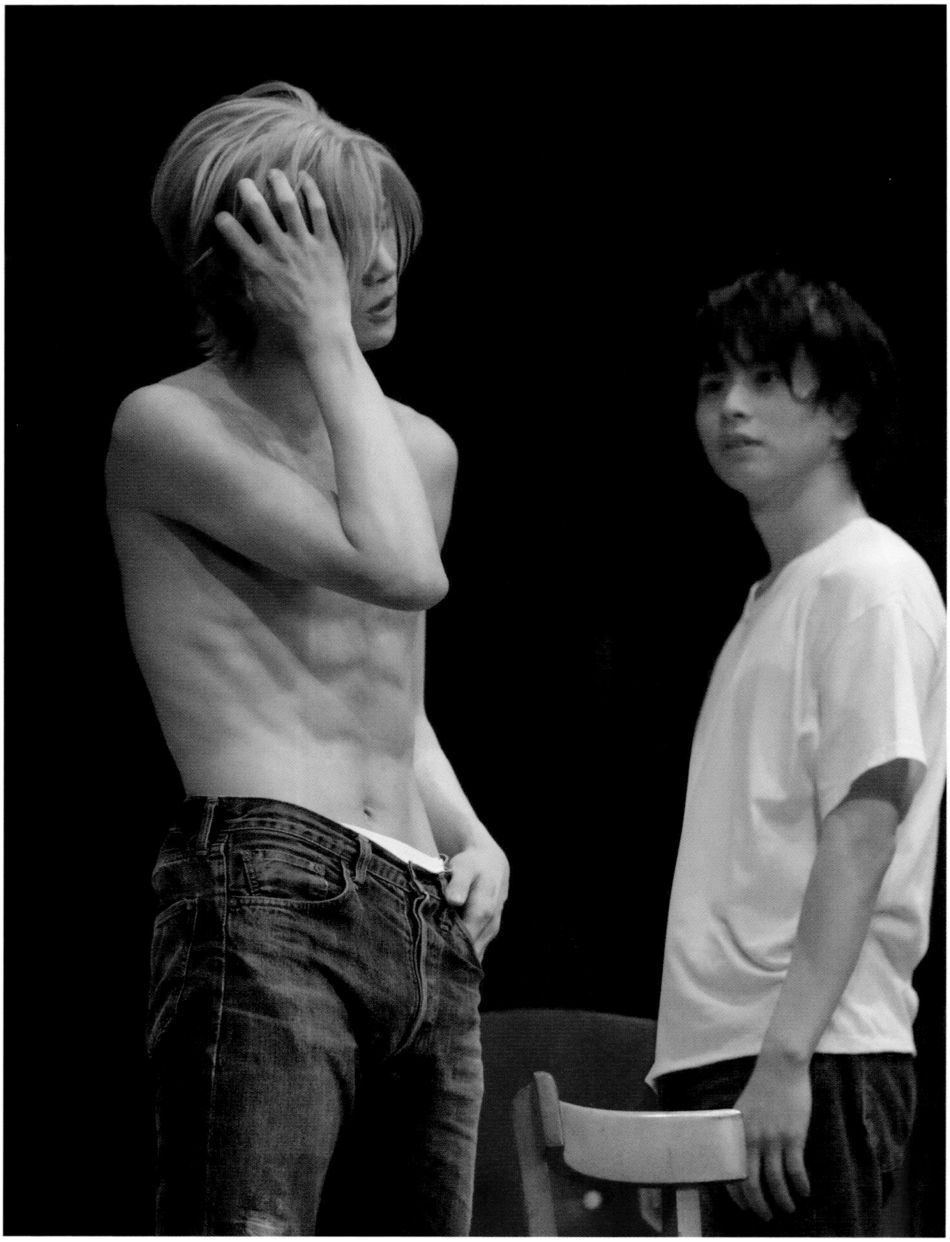

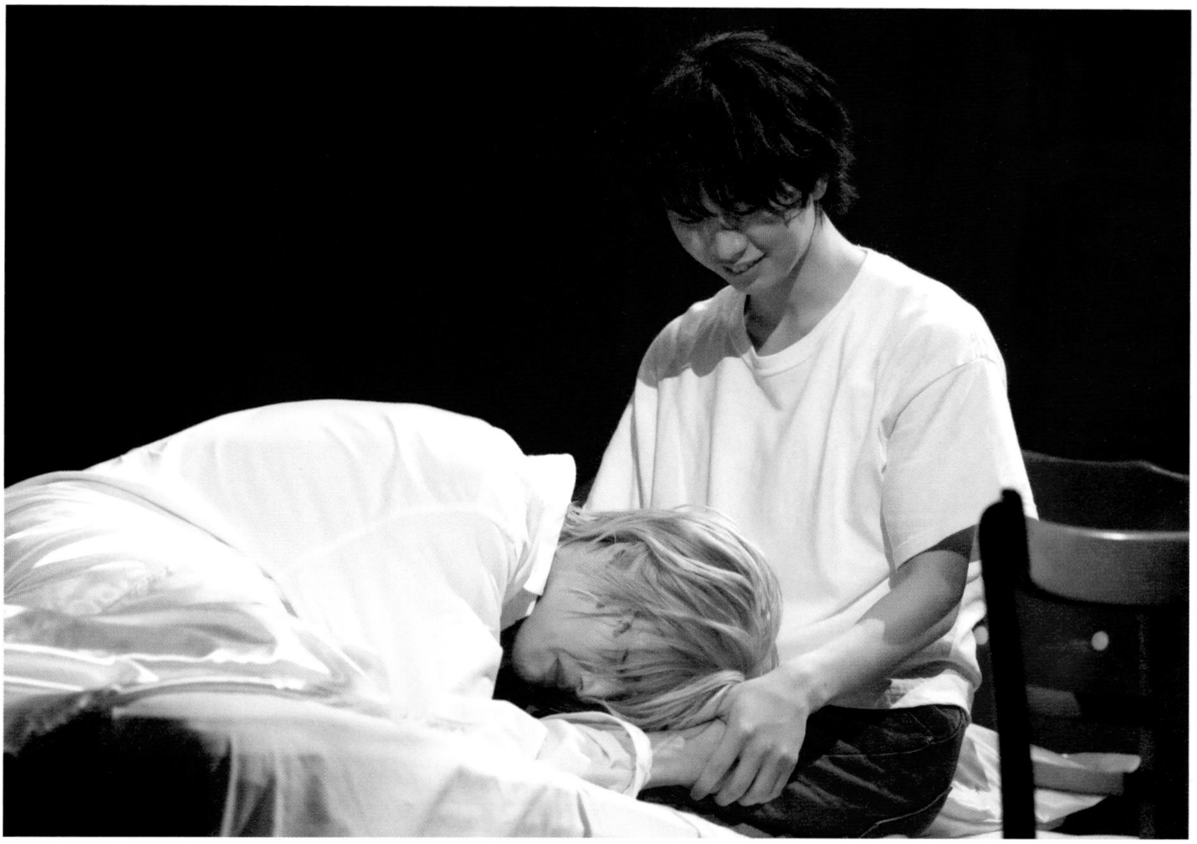

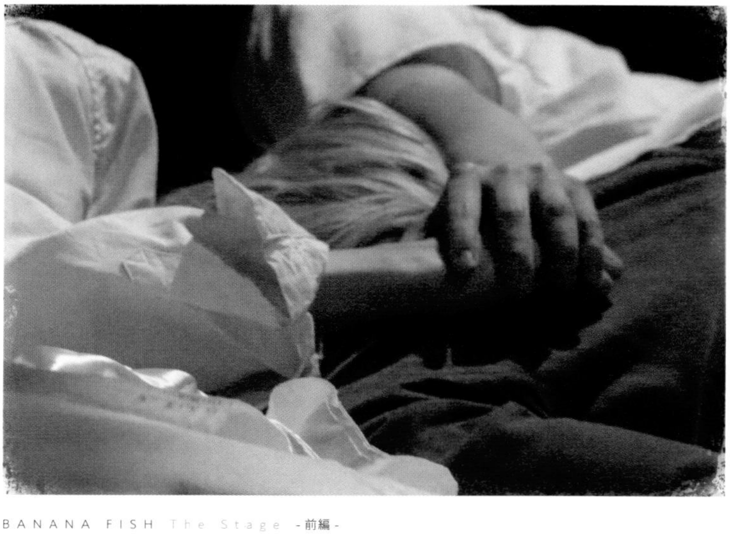

疾走感のある演出で約2時間15分に凝縮された、前編。
開演前から劇場は息を詰めたような緊張感に包まれていた。
『Oh My Darling Clementine』が流れ、1973年のベトナムから
1985年のNYへ。パルクールを取り入れたアクション、
息をのんだ棒高跳び、朝日の優しさと愛憎渦巻く…激しい戦闘。
カーテンコールのあとに、予告シーンという粋な展開。
頭上で光に包まれたアッシュが引き金を引く——物語は後編へ。

BANANA FISH
バナナフィッシュ −前編−
The Stage

―後編―

2022年1月20日～2月6日
品川プリンスホテル ステラボール
全26ステージ

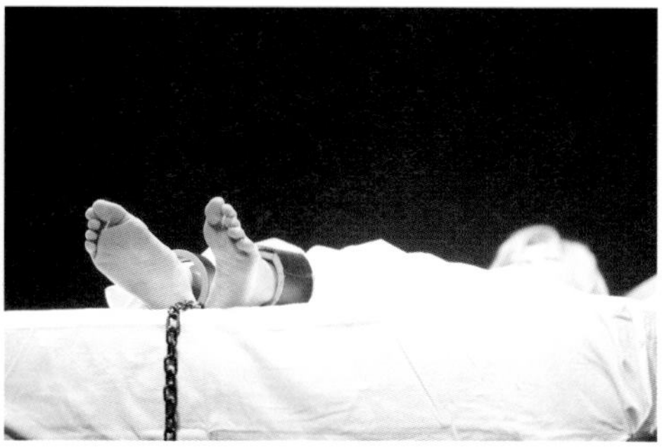

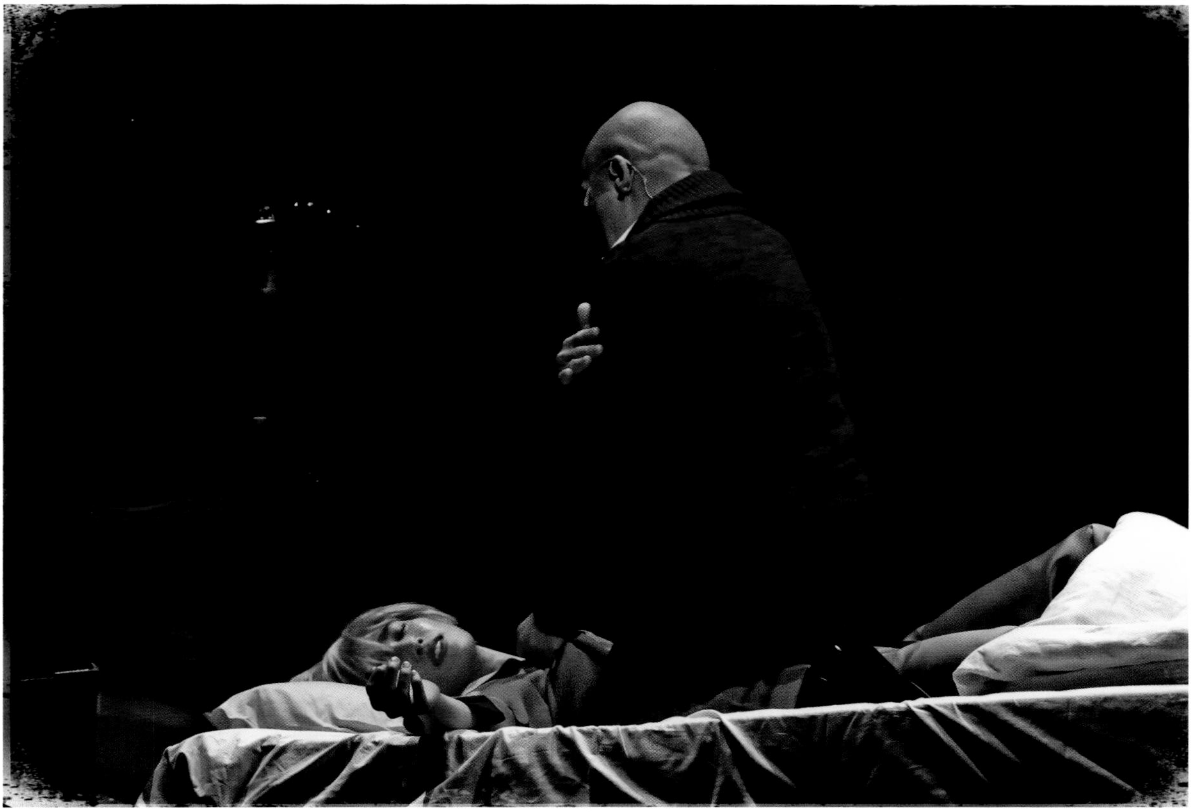

GraybaR
LOGISTICS

原作　吉田秋生「BANANA FISH」
(小学館フラワーコミックス刊)

出演

アッシュ・リンクス役	水江建太
奥村英二役	岡宮来夢
マックス・ロボ役	内田朝陽
伊部俊一役	冨田昌則
シン・スウ・リン役	椎名鯛造
李月龍役	佐奈宏紀
ショーター・ウォン役(前編)	川﨑優作
フレデリック・オーサー役(前編)	早乙女友貴
ブランカ役(後編)	藤田 玲
エドアルド・L・フォックス役(後編)	谷口賢志
ディノ・F・ゴルツィネ役	赤星昇一郎

阿瀬川健太　岡本和樹　奥平祐介(後編)　亀井英樹(後編)
澤田圭佑　澤田拓郎(前編)　杉本佳幹(前編)　田嶋悠理
津田幹土(後編)　永石 匠　久獅(後編)　船木政秀(前編)
福島悠介(後編)　古屋敷 悠　星 賢太　松井遥己　山﨑竜之介

脚本　畑 雅文
演出　松崎史也
音楽　伊藤靖浩
アクション監督　栗田政明
パルクールコーディネーター　HAYATE
舞台監督　堀 吉行　須田桃李
美術　石原 敬
照明　大波多秀起
音響　遠藤宏志
映像　森 すみれ　荒川ヒロキ
衣裳　中原幸子
ヘアメイク　小竹珠代

原作協力　月刊flowers編集部
主催　「BANANA FISH」The Stage製作委員会

何かを覚悟したような客席を、あのどこか不穏な調べが
再びNYへと誘う。後編。二幕構成の約2時間40分。
愛憎はより深く、戦闘はより激しく。目を見張る炎に包まれた
クライマックス。やがて光に包まれた静寂が訪れる…。
一瞬の吐息のあとにわき起こる、熱を帯びたような拍手と
高揚した笑顔。「BANANA FISH」The Stage、それは
演劇の新しい可能性であり、物語への祈りにも思えた——。

BANANA FISH
バナナフィッシュ ー後編ー The Stage

アッシュ・リンクス

水江建太 as

背負うもの

〔前編〕の稽古が始まる前、演出の史也さんとお話しさせていただく機会があって「建太として何をゴールにしている？」と聞かれたんです。僕は「アッシュ・リンクスでありたい」と答えました。単純な言葉かもしれないのですが、それがすべてだと思いました。こんなにも愛されている作品で、たくさんの期待を背負って立つ以上、細部に至るまでアッシュ・リンクスでありたい、という心構えはもっていました。

稽古場からアッシュ・リンクスでいるためにはどうしたらいいのか、とずっと考えていて。誰よりも早く来て準備したり、みんなでわいわい楽しく稽古するということは大事ではあるのですが、あえてそこには入らないとか、そういうたたずまいをつくるということは意識していました。実力ある役者さん方の中で、どうしたらアッシュ・リンクスとして認めてもらえるのか、すごく考えました。

アッシュ・リンクスを演じるということのハードルの高さは最初からものすごく感じていました。これだけ愛されているということはもちろんですが、外国人だということもありました。日本人が演じられないだろうという意見もきっとあったと思いますし、そういうことを背負っていかなくてはいけないと思いました。

それから、この作品は僕の中で今までいちばん愛や命の重さを感じさせられた作品で。ここに込められたメッセージを役者として伝えなくてはいけない、という覚悟もありました。

正直ずっと怖かったですよ、アッシュ・リンクスを背負うのは。ずっとずっと怖かったです。それは出演が決まったときから舞台の上に立っているときも。背負うものが明確に自分の中に見えたからこそ、その重みをずっと感じていました。

それは作品のファンの方に対しても、作品自体に対しても、そして自分自身に対してもなのかもしれません。これだけやりがいのある作品に挑戦させてもらって、もしこれができなかったら自分がみじめに思えてしまうんじゃないか、そういうことに対してもありました。

細部に至るまでアッシュ・リンクスでありたい。それがすべてだと思いました

放心

一公演一公演、一瞬も無駄にしないという思いで、自分のできることのすべてを詰めて挑んでいたので、公演のあとは放心してました。マチソワのときは結構しびれましたね。

それを支えていたものはやはり、観に来てくださる方がいるからです。それが怖さでもあったのですが、楽しみに足を運んでくださる方がいる、配信で観てくださる方がいる。そのためには何としても頑張りたいと思っていました。

舞台上でそれぞれの役とのやりとりで感情をもらっていたことも大きな力になりました。僕自身も役者のみなさんのかっこいいところや愛《いと》しいところがどんどん増えて、波長が合っていくというか、日々高まっていく感覚がありました。

楽屋でもみなさん、本当に優しすぎて。たぶん僕が背負っているものを少しでも軽くしようとしてくださっていたんだと思います。みなさんのおかげで何とかやっていけました。

このカンパニーでまず感じたのは、演出の史也さんをはじめ、原作愛にあふれたスタッフの方々が集まっているということです。役者もそれぞれ自分の役への愛が強くて、作品への思いと技術が一体化したというか、それが大きな熱量になったんだと思います。

幸せな言葉

最後の図書館のシーンでは、僕はずっと英二の声を聞いていて。自分の中で何かをつくることはせずに自然にそこにいることを大事にしました。

英二の言葉を聞いていて、なんて幸せな言葉なんだろうと思いました。あの言葉にアッシュ・リンクスとしても僕自身としても救われた気持ちがしました。こんな言葉を言ってく

Kenta Mizue

主な出演作に、MANKAI STAGE『A3!』シリーズ、『ヒプノシスマイク -Division Rap Battle-』Rule the Stage シリーズ等。ミュージカル『CROSS ROAD～悪魔のヴァイオリニスト パガニーニ～』に出演予定。

なんて幸せな言葉なんだろうと、英二の言葉に救われた気持ちがしました

れる人がいるなんて、なんて贅沢なんだろうと、回を重ねるごとにかみしめていました。

ナチュラル

英二が来夢でよかったと思ったのは何気ないシーンのときですね。すごく居心地がよかったのは［前編］の一緒に銃を撃つところや［後編］のフェリーのところ。ナチュラルなシーンって意外と難易度が高かったりするので、そこを成立させられたのは来夢だったからだと思います。アッシュ・リンクスがナチュラルでいる時間は貴重なものなので、そういうところで自然とマッチしてくれたのはありがたかったです。

来夢には本当に支えてもらいました。キツイときに声をかけてくれたり、お悩み相談室もそうですけど、すごく助けてもらいました。

それと来夢の芝居で感動したところがあって。［後編］の月龍に胸元をつかまれるシーンなのですが、ただ優しいという思いだけではない、狂気という言葉が正しいのかどうかはわからないのですが、そういう熱量がないとできない芝居をしていて。それを見ることができたのは嬉しかったです。

名前

［前編］の挨拶のときに自分の名前を言わなかったのには、ふたつの気持ちがありまして…ひとつは役の姿でいるときに自分の名前を言うのが申し訳ないというのがあったんです。でももうひとつ、カーテンコールという役なのか個人なのかあいまいなときに自分の名前を言わず、役名だけを言うのはそれはそれで失礼なのかなとも思って。そのふたつの間で揺れて、［前編］は自分の名前を出さず、［後編］では作品への感謝も込めて恐れ多いけど言わせていただこう、という気持ちでした。

自己実現

アッシュ・リンクスでいた日々は…ずっと心を動かし続けていたのでそれはやはりハードでしたね。休む間はなかったです。でもそれは応援してくださる方への礼儀ですし、みんなに心配されるようではまだまだですね。正直、苦しいことでもありましたが、僕の中でずっと強さとして残ってくれるものだと思います。

公演が終わったらどんな自分がいるんだろうとすごく楽しみにしていました。これだけ難しい芝居と向き合って、アクションやパルクールとか僕自身まだまだ未完成なものを磨き続けて、新しいものを習得して、［前編］［後編］と舞台に立ち続けて…何が自己実現だったんだろうと考えたら、とてもふわふわしていて。びっくりしています（笑）。

ただ、これだけの作品に挑戦させてもらったということは役者として今後どんな作品においても背中を押してくれる力になると思います。

僕自身のことでいうと、アッシュ・リンクスがあれだけ過酷なことがあっても生き抜こうとした理由は何だろうとずっと考えていて。そういう強さとか闘い方とかみたいなものを教えてもらった気がしています。あくまでも僕の考えですけど、彼が生きようとしたのは自由のためだったのかなと。誰にも支配されない、支配させない、ただの抵抗ではなくて、魂の自由というか。そういうものを探していて、それが生きる意味だったのかな、と。

あと、出会った方々みなさんにずっと幸せでいてほしい、とそんなことをすごく願うようになりました。それはこの作品に出合ったことで変わったことですね。

君とともに

アッシュ・リンクスは…目を閉じて優しい顔でそっと僕の中で座っている、というイメージがあります。ニュアンスは少し違うかもしれませんが、ぼくの魂はいつも君とともにある…と、とても近いです。

奥村英二

岡宮来夢 as

英二を突き動かすもの

何がこんなにも英二を突き動かすんだろう、今アッシュに対してなんでこんなにベクトルが向いているんだろう、と英二がアッシュを追い続ける理由を探しました。

これはあくまでも僕の解釈なんですけど、最初はそこまでの感情ではなかったのかな、と。初めて触れた異文化で、美少年だなあとか本物の銃だ、とかシンプルな興味だったり驚きだったと思うんです。それがギャングに連れ去られて、目の前で初めて人の死というものを見て。こんなものすごい経験をしたとき、一緒にいたのがアッシュだった。

初めての経験を共にするということは僕にとって大きなことで、それが人の死だったり自分の命をかけたことだったりしたときに、すごく特別な相手になるのではないかと思いました。［前編］のときにうまく表現につなげられていたのかどうかはわからないのですが、そういうところから英二の役づくりを始めました。

［後編］では、ひとりで運命だったり仲間だったりを背負ってきたアッシュにとって、自分だけが拠りどころになれるかもしれないと思ったとき、強く責任を感じるだろうなと思って、そこに重きを置いていました。僕自身、すごく仲のいい友達がいるんですけど、その友達がもし家族を失ったり、とても大変な状況になったらどうするんだろうと想像したら、できる限りそばで支えたいって思ったんです。そうやって物語と自分の場合を想像してマッチングしていって、これかもしれないと思ったのが、自分が唯一無二の存在であることを自覚したときの強い責任感でした。

その決意に拍車がかかっていくのがユーシスのところにアッシュの居所を知っているんだろうと問い詰めに行くところだと思います。おまえのせいでアッシュは地獄に落ちたんだと言われて、自分はそういう存在なんだと改めて実感して、

自分だけが拠りどころになれると自覚したとき、強く責任を感じるだろうなと

ここから英二はとんでもない力を発揮していく。

パーティで英二はゴルツィネを銃で撃ちますが、当たり前ですけど人を銃で撃つってすごいことで。稽古の休憩時間に小道具の銃を人に向けたことがあるんですけど、そのときすごくドキッとして。本物だったらと考えたら怖くなっちゃって、並大抵のことじゃないな…と。あのユーシスとのやりとりが英二にとって大きな分岐点だったと僕は思っています。

言葉の力

稽古を始めたときはまず１００パーセント本音でセリフが言えるようにしようと、ひとつひとつ確認作業をしていました。どんな状況で誰がそばにいて、ということを自分の場合だったらと置き換えて、どんな気持ちでどんな風に口にするのか、嘘偽りのない言葉を発せられるよう、ひたすら考えました。あのアッシュが英二のためにここまでするんだという、そういう存在に説得力をもたせるためには、嘘偽りのない言葉を言う英二でいることが大事なんだと思いました。

実は…「君のためならなんだってする!!」と言うところで、人間の本質が見えた瞬間というか、世界にアッシュとふたりしかいないんじゃないかというくらい、通じ合った時間があったんです。稽古から本番を重ねていくうちに、もともとそういうシーンだとは思っていなかったのに、どうしても涙が出てしまう。鬼気迫るものを自分の中からも建太の中からも感じたんですけど、本当に大切に思っているということを伝えた先に、涙が出てくるほどの気持ちがあるんだということに気づかされて。言葉の力というか、言葉で伝えることの大切さをものすごく感じました。

無意識

「ぼくの魂は…」のセリフをどこで言うのか、どこで言ったらアッシュに届くのか、原作ファンのみなさん、ここまで観てきてくださったみなさんがいちばん救われるのか、とい

Kurumu Okamiya

ミュージカル『刀剣乱舞』シリーズ、『きみはいい人、チャーリー・ブラウン』、ミュージカル『王家の紋章』、「ブルー・ピリオド」The Stage（主演）等に出演。『ACTORS☆LEAGUE 2022』でプロデュースにも挑戦。

うことはすごく考えました。通し稽古だったり、劇場に入ってからもいろいろな位置で試しました。

あの言葉を言っているときは100パーセント、アッシュに寄り添っています。寄り添いきり、です。それ以外の感情はゼロですね。ときどき意識が飛んでいるみたいで、はけてからハアってなって。稽古の段階ではアッシュが安らかな気持ちになるようにとか考えていたんですけど、本番では無意識のときが多かったような気がします。

お悩み相談室

アッシュはアクションも出番も多くて、疲れてくると目線が下がって気持ちも落ちてしまうんじゃないかと思って、僕もそれは経験があるので、できるだけ建太の隣にいて笑わそうと思っていました。お悩み相談室も建太を支えたい、笑いをつくりたいという気持ちで始めました。改めて言うと恥ずかしいんですけど（笑）。毎日何でもいいから相談してって言って、だんだん建太も悩みがなくなって、最後は天気のことかになってましたね。

［後編］ではカウンセラーになるって宣言して、まあ一方的に話しかけただけなんですけど（笑）。本当は休みたかったのかもしれないんですけど、おせっかいだったかもしれないんですけど、建太が少しでも明るく、みんなを引っ張る座長でいられるように何かできたらいいなあと思っていました。

建太はすごかったです。アッシュが建太じゃなかったら、僕の英二はこうはなっていなかったと思います。建太がアッシュで僕は本当によかったと思っています。

多幸感

［後編］の初日の挨拶で多幸感という言葉が自然と出てきました。こんなにもいろいろなことを考えさせてくれる『BANANA FISH』という作品と出合えて、僕は英二として役を全うさせてもらって、本当に幸せだなと思ったんです。

英二として役を全うさせてもらって、本当に幸せだなと思ったんです

英二がアメリカに来てよかったと言っていることが僕自身の中でもすごく共鳴したというか。建太がこのかけがえのない時間をみなさんと共有させていただいて、ということを言っていましたが、ああもうそれに尽きるな、と。

アッシュの最期をみんなで見届けて、こんなにもお客さんと僕らがつながりあえて、心がひとつになって…そういう舞台ってそうそうないんじゃないかと思いました。

プレッシャーはもちろんありました。作品の人気の高さと舞台化への反響の大きさもありますし、［前編］が嬉しいことに評判がとてもよかったので、［後編］で評価が落ちてしまったらどうしようという不安もありました。自分が役に対して深みが増していなかったらどうしよう、とか。いろいろなプレッシャーがありました。

でもカンパニー全員が同じ方向を向いて、みんなが自分の役を突き詰めて、お客さんの目の前で臨場感をもって物語をお見せできるという舞台の強みを生かした、僕たちの『BANANA FISH』の世界をつくっているという自信がありました。プレッシャーを上回る多幸感を僕は感じていました。

遠い存在

役者として英二から学んだことは、役を演じることと役として生きるということのニュアンスの違いを体感させてくれたことです。個人的に考えさせられたのはやはり人に寄り添うことの大切さと尊さと…難しさですかね。難しいけれど人から頼ってもらえるような存在になりたいし、きれいごとを言っても、その通りだよなって信頼されるように、まっすぐに誠実に生きることを目指していきたい、と思いました。

英二は自分自身と似ていると感じていたのですが、よく考えたらまだまだ遠い存在でした。僕がおじいちゃんになるまでまっすぐに誠実に生きられたら、ようやく手が届くのかなあ、と。そばに英二を感じられるのかなと思っています。

マックス・ロボ
内田朝陽 as

Max Lobo

Asahi Uchida

映画、TVドラマ、舞台出演のほか作曲、音楽プロデュース、バンド活動と多彩なジャンルで活躍。調理師免許を活かしてレシピ開発も。最近ではミュージカル『ブラッド・ブラザーズ』等に出演。

作品に入る前にベトナム戦争を題材にした映画をたくさん見て、マックスという20歳くらいに兵隊として戦争に行き、帰還した人間が何を見て、どうしてジャーナリストになったのかについて考えました。たぶんジャーナリストになったのは正義感からだけじゃなくて、戦争の後遺症かもしれないと思いました。どこかで刺激を、そして自分が生きていて価値がある瞬間を探しているんだと思います。正義感だけだったら抵抗なくストリートギャングと接したり、アッシュを可愛がったりしないと思うんですよ。それと過酷な環境を経験したからこそ、こいつは人の痛みがわかるのか、そうじゃないのか、マックスが人を判断するのはそこなんだと思います。

　そういうマックスのマインドをつかむことで板の上で生きる感覚がつくので、いろいろ腑に落ちるんですよ。なぜそこでそう言ったのか、本心ではどう思っていたのか、とか。

　実はマックスが乗り移ったな、と感じたときが何回かあって。マックスを僕が中から見ているような感覚があったんです。例えば、［前編］のアッシュと出会うシーン。マックスはチャーリーのことは関係なく、初対面ですでに力になれるかもと思っている感覚がしました。

　それから［後編］の写真のネガを燃やす場面。ビックリしたのは「もう忘れろ」と言うとき、マックスは腹を立てているんです。自虐的にも聞こえることを言うアッシュに対して、おまえはそんなヤツじゃないだろう、もっとしたたかに生きてくれとムカつく感情が出てきて、その感情がとても意外でした。そのあとすぐにここで自分が怒ったらアッシュの気持ちの行き場がなくなると気づいて「いや」と続けるのですが、このひとつのセリフの中でこんなにも感情の起伏があることに驚きました。

マックス・ロボとして生きたことは、価値観が変わるくらいの衝撃がありました

公演が終わったあと、ＳＮＳでマックスへの手紙を書いたのですが、役にこんなことをしたのは初めてです。そこで「素敵な重荷」という言葉を使ったのですが、マックスは心の感触がつかめるまでとことん相手とぶつかるんです。僕個人はどちらかといえば余計な人間関係の摩擦は避けたいので、芝居の上とはいえめんどくさいなあという思いもありました。

　しかも喜んだり、落ち込んだり、心配したり、おちゃらけたり、気持ちの振り幅がすごいので僕自身が振り回されて疲れちゃうんです。アッシュの素っ気ない言動にもストレスを感じていないし、見返りを求めないし、仲間のために頑張るし、人を妬んだりもしない。僕とは比べものにならないくらい包容力のある、いい人なんです。だからマックスでいればいるほど、自分自身の足りないところを見せつけられる。本番を重ねていくとマックスのボルテージも上がるので、どんどん差が開いて。「おまえ、できないの？」と日々言われているような気がして正直しんどかったですね。

　でもマックスのおかげで、この年齢でこんなにも謙虚に自分と向き合える機会が与えられたということは奇跡だと思うんです。僕も俳優を20年以上やってきて今さら演技論なんてというところもあったのですが、マックスについてはこんなにも熱く語っている。

　マックス・ロボとして『ＢＡＮＡＮＡ ＦＩＳＨ』の世界でアッシュたちと生きたことは価値観が変わるくらいの衝撃でした。何となく生きていることって怖いなと思いましたし、「本当に生きているのか？」と問いかけられた気がしています。

　今はその後のマックスが心配です。アッシュのことを知って大丈夫だったのかなと…。

日本人が英ちゃんと伊部のふたりきり、ということは意識していました。問題が起こるとマックスたちは直接的に暴力ということも含めてどんどん解決しようとするのですが、日本人としては、ちょっと待てよという気持ちがあって。マックスとチャーリーが話しているとき、伊部は一歩外にいるのですが、その立ち位置は伊部をつくっていく上で僕にとっては大事な部分でした。観客の方々が僕らを見て、そうそうと共感してもらえたらと思いながら演じていました。

伊部はNYにきたとき27歳なんですよね。稽古場ではよく、20代に見えるか？と話していました(笑)。でも実年齢通り40代に見えてしまったとしても物語の中で安心感になることができたら、それはそれでいいのかなと思っていました。

［後編］でアッシュが英ちゃんに伊部に電話してやれと言うところがあるのですが、安心できる場所に連絡してもいいんだよ、という意味だと僕はとらえています。だけど英ちゃんはその安心できる場所には戻らず、アッシュといる。そこに彼の決断が見える、というシーンになっていると思います。

前後編含めてアッシュとの絡みはあるようでないんですよ。［後編］ではワンシーンのみだったので、毎回そこで何をアッシュに渡せるかということをすごく大切にしました。正直、マフィアの後継者に選ばれるようなエリート中のエリートに渡せるものなんてないんです。でも英ちゃんを守りたいが故に必死になっている伊部を見て、アッシュに何か響くものがあれば、演じる建太の気持ちものっていくのではないか、そういう思いでやっていました。

あの飛行機のシーンは緊張しましたね。稽古のときからここでは段取り的なことはしないと決めていました。泣いている英ちゃんの肩にそっと手を添えているのですが、毎回、彼の話を聞いていると自然とそうなって。受け止める側が泣いてはいけないので堪えるのが大変でした。

物語の中で安心感になることができたら
いいなと思っていました

こんなにも危険な目に遭ったのに「戻ってこような」と言えるのはやはり伊部が20代だからだと思います。40代の僕だったらアッシュを日本に呼んだほうが安全だろうと言ってしまう。英ちゃんに再起してほしくてアメリカに連れてきたのですが、実は伊部も自分を見つめ直したかったのではないか、英ちゃんが輝きを取り戻すことで自分の中にも光を見つけたいと思っていたのではないか、と感じています。そんな伊部だからおまえの生涯最高の友達に「会いに来よう」と言えたのではないか、と。

［後編］でのマックスと危なっかしく下りていくシーンは通し稽古で自然とそうなって、みんなが大笑いだったという感じで。本番でも裏のモニターで視聴率100パーセントだったようです(笑)。スタンバイしてる建太も笑いながら、ナース服に着替えてましたね。

建太がストイックに自分を追い込んでいるのはひしひしと感じていました。すごく素敵だと思いました。ただ追い込みすぎると、建太自身がもたなくなるのではないか…と心配するところもあって。なるべくくだらないことをして笑わせようとしていました。娘に教えてもらった新しいダンスのステップをわざわざヘアメイク中の建太に見せに行ったり。迷惑だったかもしれないけど(笑)。

［後編］の稽古初日にまたみんなと会えたとき、すごく嬉しかったんです。帰ってきた、という気持ちがありました。昼公演を［前編］、夜公演が［後編］でやろうぜって言ってたくらい僕にとっては思い入れの強い作品です。でもやっぱり昼夜で前後編は…キツイかなあ(笑)。

Shunichi Ibe

冨田昌則 as 伊部俊一

Masanori Tomita

俳優・演出・声優・殺陣師・アクションコーディネート・演劇講師として活躍。ミュージカル『刀剣乱舞』シリーズ出演、舞台『99』出演&アクション監督、TVドラマ『封刃師』のアクション監督を務める。

シン・スウ・リン
椎名鯛造 as

Sing Su Rin

Taizo Shiina

主な出演作は『最遊記歌劇伝』シリーズ、舞台『刀剣乱舞』シリーズ、ミュージカル『薄桜鬼』シリーズ、舞台「MOTHERLAND」等。殺陣ユニット「HoriZonE」の結成など活動の場を広げている。

セットの2階でのアクロバットは舞台が確実に華やかになるので挑戦しました。アクロバットに慣れている僕でも2階でやるのは最初、怖かったですね。［前編］ではロンダートバック転、［後編］ではバック宙をしたのですが、ロンダートバック転は距離が必要なので2階でやるのはかなり注意が必要なんです。バック宙は僕的にはとても簡単技ですけど(笑)。

小さいころから公園で遊ぶのが大好きで、登り棒の上から違う登り棒に飛び移ったりしていたので、パルクールも問題なく動けていたと思います。ただ事前練習の初日はさすがに太ももがすごく筋肉痛になりました。アクロバットは瞬間的に主に腹筋を使うのですが、パルクールは低い姿勢で移動するので下半身にくる感じですね。

アクションは実際に動いてわかることも多いので、衣裳もいろいろ工夫しました。手袋をしているとどうしても滑ってしまって、でも滑らないと困ることもあるので皮膚に近い感触ということでベロア生地を手のひらの部分に貼っていました。それからパーティ会場に潜入するときに布を顔に巻いているのですが、動くとどうしてもズレちゃって。マスクの上に縫い付けてみたのですが不織布だったので息苦しくて、マスクに穴を開けて使っていました。スニーカーも紐の下の部分(タン)がいつも同じ方向にズレちゃうので、まっすぐになるように縫ってもらいました。これは動きやすさとは関係ないのですが、もし僕がお客さんだったら気になっちゃうので。

14歳ということで少年らしく少し高い声で、セリフのトーンも可能な限り明るめにしていました。若さを見せるということでいえば、危うい若さを意識していました。アッシュに指示されて「わかった!」と元気よく返事をしてますけど、チャイニーズのボスであるならばそこは熟考して答えるべきなんです。危ういなあ、みんなの信頼を損ねちゃうよ、と思いながら演じていました。

片手のシーンでは演技での危険さと、安全性を追求。見せ場になっていたら嬉しいです

チャイニーズのボスらしさという点では、ああいう世界では強くないとリーダーにはなれないと思うので圧倒的な戦闘力を見せたいと思いました。パーティの場面で、相手の銃を奪って空に撃ってそのまま素手で戦っているところがあるのですが、これは銃を使わなくても制圧できるほど戦闘能力が高いということを示しています。

あのビルから片手でぶら下がるシーンはカンパニー全体で大事にていねいにつくったところです。場面としてはいかに危険に見えて、でも演じる側は絶対に安全に、ということを追求してすごく練習しました。僕は安全装置をつけているのですが、なるべくそれがお客さんから見えない角度はどこなのか、どうしたらアッシュがやっと助けているように見えるのか、落としたアタッシュケースの跳ね方までずっと調整をしていました。いちばん時間をかけたところですし、思い入れの強いシーンなので見せ場になっていたら嬉しいです。

このカンパニーですごいなと感じたことのひとつは、［後編］の稽古で僕らが入ったときにはすでにサブキャストの方々で最後まで段取りがついていたことです。この人だったらこうするだろうと予測して動きがついていて、暫定でついているから自由に動いてくださいと言われたんですが、自分でもこうするだろうなというところが多くて。演出の史也さんが仰っていた「劇団の如き結束」というのはこういうことなのかなと思いました。

思い出すのは楽屋の楽しかった風景です。年齢は違いますが高校の同級生のような感覚があります。楽屋ではワイワイしているのに舞台に上がるとプロでかっこいい。いい仲間に出会えたなあ、と思います。

わかりやすくならないように、と思っていました。セリフを言ってみて感情がわかりやすいなと思ったら抑えて、逆に意外なところで言葉を立てて、お客さんになんでここ立てたんだろう？って考えていただくような、そんな絶妙な表現ができたら、と思いました。

例えばブランカに「いるかそんなもの！」と言うところ。このセリフ、実はもっと意味があると感じていて。キレているということとはまた違うニュアンスで言いたいと思いました。悲しかったり自分を憐《あわ》れんでいたり、ブランカの目をまっすぐ見て、おまえに助けてほしいんだよ、ギュッとしてくれよ、みたいな。月龍自身も理解できない感情がいろいろこもった「いるかそんなもの！」を目指しました。

作品自体が愛というものにテーマを置いていると、恋愛的なことではない、いろいろな愛を描いていると感じました。愛は人をすごく幸せにするし、どん底にも落とす。月龍はどちらかというと愛が呪いになっていると思うんです。李家に対する憎しみも裏を返せば愛情にも近い執着なのかな、とか。憎むことが生きる唯一の理由なら、それはもはや愛情に近いのかな、とか。そういう裏側に潜む気持ちについてすごく考えました。

［後編］では僕自身にとって初めての感情、今まで経験したことのないものに到達した瞬間がありました。

月龍にとっての業とは何かというと、それは僕の中ではお母さんを助けられなかったことだと思うんです。それを一生背負っていくと決めたんだ、と。ブランカに生い立ちを語るとき、そういうことをいろいろ思いながら演じていたら感情がすごく広がっていって。もう簡単には悲しめないことや、どこか達観している気持ちなど、この感情は何？という、ひとことでは言えないようなものを感じて…何とも言えない瞬間がありました。

わかりやすくならないように。なぜ？と思われるような絶妙な表現ができたら

アッシュと倉庫で対峙するところも大事にしていたシーンです。アッシュにとって恐ろしい敵になると宣言している月龍が［後編］で唯一アッシュと面と向かって話せるところなので。ここでは月龍が期待していた展開にはならず、理想と現実のギャップに衝撃を受けつつも、小者に見えないように気をつけました。

ブランカを訪ねるときに手でキツネをつくったこと、ありましたね(笑)。原作でも月龍がお茶目なことをしているので、そういう一面も見せたいなと思って。そしたらブランカもキツネで返してくれて嬉しかったです。

あと［後編］では衣裳がたくさんあって、着替えるのが楽しかったです。パーティのチャイナドレス、豪華でしたよね。そこでゴルツィネさんと談笑するオフ芝居があるのですが、「月龍殿、おきれいですね」(声色を真似る)って言われて。「これ新しいイヤリングなんです」って耳を見せたら顔が赤くなられて。え？と思っていたらそのあと裏で「ほんとにちょっとカワイイと思っちゃったよー」って。衣裳さんとヘアメイクさんのおかげで、ゴルツィネさんを落とすことができました(笑)。

月龍は僕にとって新しい教材でした。とにかく考えたし、とにかく試した。自分の中の引き出しを全部開けて、新しい引き出しも用意して。いちばん勉強になったのは100パーセントは伝えない、ということですね。そこに深みが出るということを学びました。

それと月龍を演じたことで美しさに磨きがかかったかもしれません。所作とか流し目のバランスとか、立ち方の角度とかどこを切り取っても美しいように意識したので。あ、でも一時停止で確認しないでくださいね、半目とかになるかもしれないので(笑)。

佐奈宏紀 as 李月龍

Lee Yut-Lung

Hiroki Sana

主な出演作に、舞台及び劇場版「パタリロ!」、「犬夜叉」、舞台「銀牙 -流れ星 銀-」シリーズ（主演）、「Paradox Live on Stage」（主演）、ミュージカル『あなたの初恋探します』（W主演）など。

川崎優作 as ショーター・ウォン

Shorter Wong

Yusaku Kawasaki

主な出演作はミュージカル『テニスの王子様』3rdシーズン、ミュージカル「SUPERHEROISM」、「僕のヒーローアカデミア」The "Ultra"Stageシリーズ、舞台『白い星』(主演)など。

スキンヘッドにはなじみがあり、ビジュアルが解禁されたときも「愛を持って剃らせて頂きます」とツイートしたんですが、サングラスをつけたままの芝居はなかなか難しかったですね。目の芝居が封じられてしまうので。でも反対に、この言葉をサングラスの奥で本当はどんな目をして言っているのかな、と観ている方にショーター特有の楽しみ方をしていただけるのではないかとも思ったんです。例えば冒頭のアッシュとのシーン。何気ない冗談みたいなやりとりですが、ショーターはそこまで冗談じゃない。アッシュもサングラスの奥のショーターの目、本当は心配していることをわかってる。そういうことを想像していただけるといいな、と思っていました。

パルクールは、かなり練習しました。通常のアクションとは違う筋肉を使うので、みんなすごい筋肉痛になっていました。あの鯛造さんと友貴が練習のあと、生まれたての子鹿みたいになっていましたからね(笑)。今思うと、慣れないことにみんなでがむしゃらに取り組んで、教え合って支え合ったあの時間があったから、それぞれの関係性が深まっていったと思います。

稽古場ではみんなが黙々と自分の役の人生を背負っていた、という印象があります。単純に必死でした。ショーターが撃たれるシーンの稽古のあとは誰も僕に話しかけてきませんでした。それほど僕がセンシティブになっていたんだと思います。

あの場面では、苦しい、解放してほしいという状態をリアルにやろうとしていたのですが、一方で当然ですけど照明が当たる場所に入るとか、あるわけです。苦しんで苦しんで心の糸はピンと張ったまま、セリフを聞かせるということを両立させるのは、しんどかったです。

あの苦しみの状態をDVDのメイキングでハーフアンドハーフと言ったのにはふたつの意味があって。ひとつはショーターとしての自我と自我を失っている状態、もうひとつは演技をする上でのショーターという役と僕自身のハーフアンドハーフです。試行錯誤を重ねて、本番はショーターと二人三脚の気持ちで演じきりました。

試行錯誤を重ね、本番ではショーターと二人三脚の気持ちで演じきりました

撃たれたあとは誰とも会わないように楽屋に戻っていました。生きているショーターを見せたら、みんなの芝居に影響を与えてしまうんじゃないかと思って。あ、でも横たわらないといけないので、もう一回舞台に出て。お客さんからは見えないかもしれませんが、そこに僕がいないと建太が芝居できないと思うんで、僕がやるという選択肢しかないと思っていました。こいつ、動いてるじゃんとなると建太の感情がぶれるので、できるだけ息を止めて無になっていました。

スキップを抱き上げてはけたのは、演出の史也さんから「ショーター、いける?」って託されて。ここでショーターとスキップの関係が見せられるかなと考えて、失礼のないリスペクトのある運び方ということで最終的にあのかたちに落ち着きました。

カーテンコールでシンとガッツポーズをし合うのは、舞台上では絡むところがないけれど本当はこんなに信頼し合っているということを見せたいねって鯛造さんと話して。ここでやったらエモくない?って(笑)。

ショーターの人生を最期まで背負ったということは間違いなく今後、僕にとって力になると思います。ショーターを演じたというより、ショーターと共にいた、という感覚があります。そして、あの熱量で走り切ったことは役者としても個人としても僕を強くしてくれました。

[後編]のときは、みんなのツイートを見て、軽く嫉妬していました。なんで俺、いないんだろうって(笑)。

早乙女友貴 as フレデリック・オーサー

Frederick Arthur

Yuki Saotome

1歳半で初舞台を踏み、4歳で刀を手にする。主な出演作は劇団朱雀公演、舞台『AZUMI』シリーズ、『新・幕末純情伝』『陽だまりの樹』、劇団☆新感線『偽義経冥界歌』『狐晴明九尾狩』など。

アッシュに傷つけられた右手を使うのは、最後の対決だけと決めていました。うまく使えない右手に、破いた布を巻きつけてナイフを持つ。そこにオーサーの覚悟が見せられると思いました。

だから、それまでは一切、右手を使っていないんです。殴るのもナイフを持つのも全部、左手にしていました。右利きなので、最初は左手でナイフを操るのは慣れなかったですね。右手はいつもポケットに入れて、出したときは強張って曲げにくいという状態に見せていました。ジージャンを破いて巻きつけるというのは稽古の最初に思いつきました。

感情についても、ずっと抑えていました。誰かがアッシュの話題を出すと少し反応したり、パパ・ディノにアッシュのほうが上手だったみたいなことを言われたときは出してはいるのですが、最後まであまり感情を動かさずにいました。オーサーが感情を露わにする相手は、アッシュしかいないと思いました。

オーサーを演じるにあたって、70、80年代の若者がどんな思いを抱えていたのか、ギャングがどういう感じだったのかを調べるためにそのころを題材にした映画をいろいろ見ました。オーサーはどんな環境で育ったのか、ギャングとして生きることしか選べなかったのかもしれない。だとしたらどんな思いでその道を選んだのかなどを考えました。力でのし上がると決めたところに、アッシュというカリスマが現れる。絶対に負けられない。自分のコンプレックスや焦りを認めたくない。だからアッシュを特別視はしない。でも、対等な人間だと見てしまうと、そこには嫉妬や憎しみが生まれてくる…すごく葛藤があったと思います。

アッシュに対しては憧れのほうが強かったのではないかと、僕は感じています。魂をかけて憎む、ということはその裏返しの気持ちも強かったのではないか、と。だからこそ憎しみに変えないと生きてはいかれなかった。

アッシュに傷つけられた右手を使うのは、最後の対決だけと決めていました

ファーストネームで呼ばれたとき、どこか嬉しかったと思うんです。ちゃんと向き合ってくれたと思ったから初めて本心を口にできた…とても切ないシーンだったと思います。

ふたりの対決で初めて3階を使うのですが、僕は高いところが苦手なので最初は怖かったです。本番は真っ暗でピンスポットなのでいいのですが、稽古場だと照明が全部ついているから高さが見えてしまって。実は稽古場がいちばん怖かったです(笑)。

地下室での「ナイスショット」は言い方やタイミングが難しかったですね。言葉自体がどうしても軽く聞こえてしまうので絶対にチープにならないように気をつけました。少し狂気を混ぜて、アッシュがどん底に落ちるようなニュアンスを探しました。

もともと新しい時代に変わっていくときの美しさとか醜さなどが混沌とした70、80年代のカルチャーが好きなので、この作品に参加できたことは楽しかったです。衣裳も当時のもので、生まれたての時代のパワーのようなものを感じました。

オーサーというキャラクターに出会ったとき、少し前の自分が見えました。今はそうではないのですが、野心とかハングリー精神とか以前の自分とすごく共鳴するところがあって、そういうことが原動力になっていたことを思い出しました。

欲を言えば、もう少しオーサーの哀しいところを出したかったですね。限られた時間なので最後の対決に集約させたのですが、オーサーは…哀しい男なんです。

藤田 玲 as ブランカ

Blanca

Ray Fujita

俳優、ミュージシャンとして活躍。近年の出演作に舞台『てれびのおばけ』、MANKAI STAGE『A3!』シリーズ、ミュージカル『憂国のモリアーティ』『ネクスト・トゥ・ノーマル』など。

ＫＧＢ出身の特殊工作のスペシャリストなので無駄のない動きを意識しました。動きひとつひとつに意味をもたせる。特に一幕はアッシュにとって敵なのか味方なのかわからない存在で絶えず謎の悲しい笑顔でいるので、顔でのお芝居ではなく、必要最低限の動きでただ者ではないことを見せられたら、と思っていました。

例えば登場シーンでゴルツィネに依頼を断るつもりだった、ということを笑顔で告げるのですが、ブランカはゴルツィネと対等に話せる人物である、ということに説得力をもたせないといけない。そのあと「彼を見て気が変わりました」と言うまでの間、実はゴルツィネと見合っている、緊張感のある時間があるんです。ブランカは権力者であるゴルツィネに対して一歩も譲りませんよ、という。お客さんから見たら2秒くらいかもしれませんが僕の体感だと5秒くらい、結構長いです(笑)。

難しかったのは、ブランカの口調がかなり文学的で、なかなか口が慣れなくて。よく車の中で練習しました。1日1回は全部通していましたね。

それから単純なことを言うと、僕すごい猫背なんで、とにかく姿勢には気をつけていました。いつも出るときはシュッと胸を張って背筋を伸ばしていました。

いちばん楽しみだったのはアッシュとのベンチのシーンですね。僕としてはあのシーンに向かっていくためにすべてがある、という気持ちでした。ここは建太の好きにしていいよという思いで、彼の言い方やタイミングに合わせて毎回キャッチボールをするのは楽しかったです。どのくらいの間でこのセリフを言うのかということも、ここは演劇というより映像のようにリアルな間にするという演出で、そこも新鮮でした。

別れ際、アッシュが笑顔を見せるのですが、このとき何ともいえない切なさと自分の二の舞にはならずに幸せになってほしい、という感情がいつも湧き上がってきました。

必要最低限の動きでただ者ではないことを見せられたらと思っていました

アッシュを抱き上げるところは、ここはブランカがしたほうがいいよなと思って自分からしました。演出の史也さんに「え？　できます？」って言われたので、「できます」(低い声でキッパリ)と。

あのシーンは初めてブランカが感情を露わにするところなのですが、あれは自分にも向けた言葉なんだと思います。守りたかったものが守れなかった自分への攻撃でもあったんだろうな、と。演じていてかなり辛かったですね。その前に月龍に妻のことを話したので珍しく感情が高ぶっていたのかもしれません。

月龍さま…「いるかそんなもの！」と言う彼にブランカは「ご自分を大切に」と言って去るのですが、藤田的には抱きしめてあげたかったですね、本当は。ストーリー上、もちろんそうはできないのですが心情的にはそんな思いがありました。

そうそうアッシュを抱き上げて裏にはけると、建太が「今日、素敵でした」とか言ってくるんですよ、あいつ。カワイイんです(笑)。

実はカーテンコールで披露しようと思っていたネタがあって。顔合わせのときにひとりずつ挨拶をするのですが、僕は「ブランカにいちばん必要なものはアッシュへの愛だと思います。アッシュというか、建太への愛なら俺、誰にも負けません。愛してます」って言ったんです。そしたら建太が真っ赤になって。だからクールにかっこよく出てきたところでカワイイところを暴露して、また真っ赤になるところを見てやろうと楽しみにしていたんです(笑)。

谷口賢志 as エドアルド・L・フォックス

Edouard L. Foxx

原作を読んだときギリシャ悲劇のようだなと思いました。素晴らしい美貌と才能をもつが故に悲劇の道を進む主人公。そのラスボスとしてどうあるべきなのかを考えたとき、そこにフォックスの背景は必要ないな、と。ただの悪役に見えたとしても、アッシュと英二の物語をより輝かせるための最大の障壁としてフォックスが存在する、ということに徹しようと思いました。

本来、役を演じるということはその人物の信念やドラマを垣間見せるということがあるわけです。もしかするとフォックスはさんざん国に使われた挙句、捨てられた軍人なのかもしれない。部下たちを守るために傭兵になったのかもしれない。でもそこは見えなくてもいい。

ただサディストやサイコキラーには見えないように意識はしました。フォックスは頭が切れるし、戦闘能力も高い。あの残虐な殺し方も相手の攻撃意欲を封じ込めるためのセオリーともとれる。快楽のために暴力や殺人を犯しているわけではないととらえています。

いちばん大切にしたセリフは「君にはその能力がある」です。フォックスは言葉通り本気でそう言っている、ということを見せたいと思いました。

それからあのシーンには自分で言うのも何ですが、演劇的な技術を入れていて。例えば違和感や不気味さを出すためにゆっくり歩く、椅子をガラガラと音を立てて引きずってくる、紐をわざと取りに行く。椅子に座らせたアッシュの前に一度立って隠してから「君の前にひざまずく」でひざまずくのは、この瞬間のアッシュの顔を見てほしいという意図からです。

やはり演劇でやる意味、もっといえば僕がやる意味を頭をかきむしって考えないとオファーしていただいた意味がないので、そういうことはすごく考えましたね。

フォックスという深い絶望を彩って、芸術を生み出してほしいという思いがありました

これも気づく方だけが気づけばいいということでしていたのですが、撃たれたときに、撃ったゴルツィネではなくアッシュだけを見て、「アッシュ」と口だけ動かして落ちていきました。ハニーという言葉を使った裏側には「君にはその能力がある」と本気で言ったように、アッシュと世界を獲るという、共に進む未来を描いていたのではないか、と感じたからです。本番の途中から建太も気づいたのか、僕を見据えるようになって。本番で育っていくというか、こういうことが演劇の面白いところだと思います。

カーテンコールで岡本太郎さんの言葉を使わせていただいたのは、アッシュが困難に立ち向かうこと、つまりそれは絶望を彩ろうとすることで、そこに芸術が生まれていると感じていたからです。ラスボスとしては彼が彩る絶望としていちばん濃いものでありたい、フォックスという深い絶望を彩って芸術を生み出してください、という思いがあったからです。

余談ですが、悪役を演じるときはいつもジレンマを感じていて。人殺しを演じて対価を得る意味を役者はきちんと考えないといけないと思っています。

この舞台においてはアッシュの絶望になるという意味がある。届けたいのはアッシュが彩ろうともがき、そこから生まれる芸術であって、フォックスではない。そういうことでもフォックスという人物の背景を見せる必要はないと思っていました。

「BANANA FISH」The Stage の客席は舞台を見たい、芸術を見たいという前向きな気持ちにあふれていて僕はたくさんの光を感じました。舞台上で生きたフォックスがいて、それにより輝く者たちがいて、その輝きを見て明日も生きようと思ってくださる方がいたら本望です。

Masashi Taniguchi

主な出演作にドラマ『仮面ライダーアマゾンズ』シリーズ&映画『仮面ライダーアマゾンズ THE MOVIE 最後ノ審判』(W主演)、映画『文豪ストレイドッグス BEAST』などがある。

Dino F. Golzine

赤星昇一郎 as ディノ・F・ゴルツィネ

Shoichiro Akaboshi

俳優としての活動のほか、表現者が集うカフェ経営も。ライフワークの劇団鳥獣戯画との舞台『三人でシェイクスピア』は20年以上のロングラン。最近の出演作は映画『嘘喰い』など。

原作の連載が始まったころだと思うのですが、公園でテレビの深夜番組のロケをしていたらファンの方がいらして、私にそっくりなキャラクターがいると漫画を見せてくれたんです。それがゴルツィネでした。だから私だけ、そっくりさん枠で出演しているんですよ(笑)。

[前編]では「おまえはわたしの知るかぎり、もっとも美しく、もっとも危険な獣だ」というセリフにいかにリアリティをもたせるか、ということに重点を置いていました。[後編]では病院で生存しているアッシュと再会するシーンをいちばん大切に考えていました。登場人物たちに[前編]以降どんなことがあったのか、ゴルツィネでいえば釈明のためにアメリカを離れ、戻ってきたら失脚するということですが、そういうことをお客さんに見せなくてはならない重要な場面なので。

ゴルツィネの一方的な言葉に、麻酔を打たれているアッシュは答えられない。そこでゴルツィネの「はいあがってみせろ!」で、[後編]が始まる。私としてはここが[後編]のゴルツィネの見せ場だと位置付けていたので、ここが決まればもう出なくてもいいかなと思っていました(笑)。

ゴルツィネの最期、アッシュに銃を向けて近寄っていくのですが、アッシュを撃つつもりだったのか、そうではなかったのか。どっちだと思います? 私としては、お客さんがここでアッシュとゴルツィネの関係に思いを馳せてくれたらいいなと思っていました。束縛するのが愛なのか、自由にさせるのが愛なのか、よくわからないところで揺れ動くのが愛なので、そんなことを想像してもらえたら、と。

楽屋では犯罪者の心理について書かれた本を読んでいました。今までいろいろな犯罪者の役を演じてきましたが、神の器という言葉を使えるほど美意識が高く芸術に造詣の深いゴルツィネが、なぜこんなことをするのか知りたかったので。

芸術にどうしようもなく魅了された人物 それが私のゴルツィネ像です

悪党はたいがい名誉、権力、富を欲しがるのですが、ゴルツィネはそれだけではない。もしかすると彼は自分のことを犯罪者だとは思ってはいないのではないか。芸術に魅了され、追い求めた先に薬物の最高峰であるバナナフィッシュがあり、神の器であるアッシュがいる。彼にとってアッシュは芸術なんです。どうしようもなく魅了され、自分の手に収まらないとどこかでわかっているからこそ、何度も自分のものだと吐く。ただの犯罪者ではない、芸術にどうしようもなく魅了された人物、私はそういう思いで演じていました。

この作品に出演して感心したのは、パルクールとアクションですね。演じている役者もそうですし、あれだけ素敵に見せられる指導者が育っているということは演劇界にとって財産だと思いました。私のパルクールは階段の上り下り(笑)。いやぁ何回上り下りしたんだろう。

カーテンコールですが、[前編]はいつも英語で話してグレゴリーに通訳をさせていましたが、[後編]は一度だけ白い三角形の紙を額に貼り付けてみました。死んだあとに出てくるのであまり話したくなかったということがあったのですが、ちょうどその回を妻と娘が観に来ていて、あとでバカじゃないかって叱られました(笑)。実は歌うバージョンも用意していたんです。イタリア語で『サンタルチア』を朗々とアカペラで歌ったら面白いかなと思って練習したんです。後継者を披露するパーティの余興としてゴルツィネがアッシュに捧げるために準備していた、というていで。でも歌のうまい役者が多かったので思いとどまりまして、白い三角形になりました(笑)。

BANANA FISH The Stage

脚本 Playwright

畑雅文 Masafumi Hata

脚本家・演出家。舞台「鉄コン筋クリート」舞台「魍魎の匣」『あの日見た花の名前を僕達はまだ知らない。』、ラジオドラマ『きみのこえがききたい。』等の脚本を手がける。

シーンを削る決断に大きな勇気。登場人物と会話をするような気持ちで執筆

今まで自分の書いた脚本の中でいちばん長いのがこの［後編］で、次が［前編］です。ここは絶対削れないというところが多くて、まとめるのに苦心しました。

実はプロデューサーの方と打ち合わせをしたときに前後編にするのはどうですかと提案したのですが、書き始めてから後悔しました。3部作にすればよかったと（笑）。

原作があるものの場合はまず、印象的なシーンやセリフをノートに細かく書き出して、必ず入れなくてはいけないと思うものには重要度順に星マークや赤い二重丸をつけていきます。それは手書きです。そのノートと原作を見比べながら脚本を書いています。

今回の脚本で難しかったのは、政治や経済がらみの出来事を舞台上でどうお客様に伝えるか、ということです。実はこの裏で陰謀が渦巻いているという状況を、説明的ではなくわかるように、マックスや伊部、チャーリーとのやりとりを入れ、お客様が想像できるワンクッションをつくりました。

そして何より、上演時間内に収めるべくシーンを削る決断には大きな勇気が必要でした。この決断がお客様に受け入れられるのかということも心配でした。

ケープ・コッドへ父親を訪ねていくところは構成上カットせざるを得なかったのですが、個人的には思い入れのあるくだりで。思い入れがあるからこそ全部入れることができないのであれば、そこは原作でのお楽しみ、原作で味わってくださいという気持ちを込めて…勇気をもってカットしました。

舞台を拝見したときに、演出で感動したのは、ラストの英二の手紙のシーンがすべて役者さんのモノローグになっていたこと。それがベストだとはわかっていましたが進行上の制約も想定して、半分くらいは収録したナレーションのつもりで書いていました。

それから司書の登場シーンを動作のみにされていたこと。あの司書のセリフをどうするのかについてはとても悩みました。原作に忠実でありたいと思う一方、演劇としては最後にセリフを言う人物はアッシュか英二にしたい。葛藤して司書のセリフを二言だけ入れて、演出の松崎さんにご判断を委ねました。

［後編］の冒頭のシーンで想像していたより強い英二がいたことも印象的でした。役者さんの中で、現場で育った英二なんだなと感動がありました。

セリフについては舞台上のテンポのこともあり可能な限り、長ゼリフは少なくしようとしていました。ですが、ユーシスがブランカに生い立ちを吐露する箇所はあえて残しました。目の前で血の通った人間が語ることで、また込み上げるものもあったのではないでしょうか。

脚本を書いているときは、登場人物と会話をしているような気持ちでした。僕は当然ながら物語の展開を知っているので、このあと君には大変なことが起きるんだけど大丈夫かなとか、まるで友達のように心の中で話しかけていました。こんなことは初めての感覚です。

特に親近感を覚えたのはユーシスですね。脚本家としても魅力的なキャラクターですし、個人的にも学生時代にすごく仲のいい人たちを見てうらやむことが結構あったので、そのときの記憶がよみがえりました。英二には申し訳ないですけど、ユーシスの言動には小気味よさを感じていました。いいぞ、やれやれ、と（笑）。

「BANANA FISH」The Stage の脚本の執筆はひとことで言うと、鍛錬でしょうか。原作がとても骨太で、今までとは異なるテクニックを駆使しないと書けなかった。とても実りの多い経験だったと思います。

小学生のころに初めて原作に触れたのですが、その世界に強い衝撃を受けました。あの原体験を演劇で体験していただきたい、というのが演出するにあたっていちばん強くあった思いです。

カンパニーには『BANANA FISH』の演劇としてキャストもスタッフも自分が考えられるもっとも強い布陣が組めている。なので見たこともないクオリティのものを全員でつくりたい、と伝えました。

軸としたのはふたつで、ひとつは音楽、アクション、美術や照明、音響、映像、衣裳、ヘアメイクといった外側の部分を妥協なくつくること。そしてもうひとつは原作にあるようにアッシュと英二だけでなく、登場人物それぞれが人間として、それぞれの人生を背負ってそこにいる、ということです。

アクションにパルクールを取り入れたのは、刀やナイフでの接近戦に比べて、パントマイムでの銃撃戦はやや危険性を見せにくいところもあり、よりリアリティをもたせたいという意図があったからです。

作品の大きな魅力である圧倒的なリアリティさというものは絶対に欠かせないと考えていたので、英二の棒高跳びもシンが片手でぶら下がるのもリアルに実現させたいと思いました。

あの棒高跳びのシーンは、アッシュが見た光景を彼と同じ目線でお見せしたくて。アッシュが客席に背を見せているのはそういう理由です。

前後編約5時間でつくるということで、アッシュと英二以外の人物の人生をどう見せるのか。そこは舞台上に情報を制限せずに見せられるという演劇の強みを生かしました。例えばアッシュと英二が2階でやりとりをしていて、月龍がひとり1階に座っているシーン。月龍にセリフはなく、観客は注目していないかもしれません。ですがそこにいる月龍を無意識に認識し、どんな思いでそこにいるのかを感じ取ってくださるはずです。それぞれの人物がアッシュと英二に対してどんな立ち位置をとっているのか、ということを存在で見せることで時間の制約を超えることができたのではないかと思います。

演出家・脚本家・俳優。舞台『龍よ、狼と踊れ』シリーズの脚本・演出、MANKAI STAGE『A3!』シリーズ、舞台「鉄コン筋クリート」『機動戦士ガンダム00』シリーズなどの演出を手がける。

演出

松崎史也

Fumiya Matsuzaki

Director

初めて原作に触れたときの衝撃。目指したのは
その原体験を演劇として届けること

劇団のような結束力を掲げたのは、端的に言うとそれは『BANANA FISH』の演劇だからです。固い精神的な結びつきと価値観を共にすることが必要とされるからです。劇団のようなということでいうと、サブキャストの皆はアクション面でのサポート、場面転換など演技以外のところでも尽力してくれたと思います。

僕は常々、演劇は死を描くことに適していると考えています。カーテンコールがあるということも、また劇場に行けばそこにいるということもありますが、観客はこの死が虚構であることを完全に理解している。だから大きな喪失を見せても、比較的、受け止めやすいのが演劇の素晴らしいところなのではないかと思っています。

吉田先生がていねいに描かれた結末、そこにあるアッシュの感情…この演劇で届けられるものが、アッシュの最後の表情に凝縮されていると思います。

あのシーンについてはもともと英二がアッシュに直接語りかけているという演出のイメージがありました。実際どこまで近づくのかということは劇場に入って絵（舞台全体）と演技を見て、あの位置になりました。

子どものころから愛してやまない原作。群れず語り合わず演技で伝え合い、真摯に表現を磨き続ける役者たち。原作の吸引力が強く、この作品であればここまでやるべきと妥協のないスタッフ。演出家として、本当に幸福なものづくりだったと思います。

音楽 伊藤靖浩

Composer & Music Director

Yasuhiro Ito

作詞作曲、打楽器演奏者、音楽監督、歌手、俳優など多様なジャンルで活躍。作曲・編曲・主演を務めた作品で2013年NYオフオフブロードウェイ演劇フェスの最優秀ミュージカル作曲賞等を受賞。

【無音、光、匂い】いつもは漫画を読むと音楽が聞こえてくるのですが、この作品からは音が一切聞こえず「無音」だったことに感動を覚え、無音を際立たせるための音楽をつくろうと思いました。例えばタイトルバックで流れるテーマには不意に音が切れる瞬間があるのですが、そこまでの音はすべてその「無音」を際立たせるためのものなのです。また、アッシュは完成されている自己を破壊しようとしているのではないかという印象を受け、曲の冒頭に〝箱に閉じ込められた者が内側から叩いている〟というモチーフを「前編」ではピアノ、［後編］ではカホンで入れています。［後編］の図書館へと続くシーンは2曲構成で、最初はヴァイオリンで〝降り注ぐ光〟を、そのあとにグランドピアノの演奏で〝手紙のインクの匂い〟を表現しています。

【BとF】タイトルの頭文字から、BマイナーコードとFメジャーコードの繰り返しを取り入れています。この不安定な音階は独特の不快感から悪魔の和音とも呼ばれ、バナナフィッシュという薬物にも通じるのではないかと思いました。ちなみにアッシュのテーマはAメジャー、英二はEメジャー、ゴルツィネはGマイナーがメインコード。すべてが燃えて終わるところではBとFにGのコードを重ね、この和音を祈りとして捧げています。

【神の器】［後編］のパーティの場面に流れているのは、モーツァルトの未完の楽曲『ヴァイオリンソナタ第38番』に師亡きあと弟子が加筆したという、器を間違えた者が手を加えた…愚かで美しい楽曲を選びました。その後の「神の器」と「器を見極められない」者たちの物語への示唆としています。

無音を際立たせるための音楽を。図書館で ピアノが奏でる"手紙のインクの匂い"

美術 石原敬

Art Director

Kei Ishihara

BLANk R&D代表。NYから帰国後セットデザイナーの活動を開始。舞台・コンサートなど幅広いジャンルを手がける。劇団四季のミュージカル『バケモノの子』の装置デザインを担当。

【白黒＋錆びた黄色】原作コミックスのイメージから黄色を使うことは決めていましたが、黄色は強い色なので合わせるのは黒と白。舞台上にずっと存在していても違和感のないように錆びたような風合いにしています。

【NY80年代の危険な雰囲気】高校生のときから25年、NYで暮らしていたので実際に体感した80年代のダウンタウンの危険な雰囲気を盛り込みました。モチーフは山積みの古いコンテナですが、漫画原作のときは2次元要素を入れて抽象的に見せたほうがストーリーの展開にマッチするので、リアルな造形を作るのではなく写真を転写し、そこに落書きやNYの街並みを施したり当時持っていたライブのチラシを貼り付けたりしています。映像を投影すること、コンテナ以外にも見えることを考慮して最終的に表面がフラットな箱型にし、場面転換で生かせるように横開きの構造にしました。

【3階建て】高架上でのアッシュとオーサーの対決を見せたい、という松崎さんの熱いご要望にお応えして3階建てのセットを考えました（約8メートル）。ネオン看板が裏側になっているのはビルの屋上から見た、マンハッタンらしい景色をNYにいたころの記憶を基に再現したものです。

【パルクールと棒高跳び】パルクールに使用する台などは外見は危険な雰囲気を出しつつ、強度などの安全性は担保して制作しました。役者さんが稽古のときから実際の物を使って体になじませられるよう、早めに納品しました。棒高跳びで踏み切る板は滑らないように加工し、内部を厚くして踏んだときにパコンと軽い音がしないようにしています。

錆びた黄色がキーカラー。NYの危険な雰囲気を 再現した高さ8メートルの3階建てセット

衣裳
中原幸子

Costume

Sachiko Nakahara

NYでファッションのキャリアを開始し帰国後スタイリスト・衣裳デザイナーとして活躍。『ヒプノシスマイク-Division Rap Battle-』Rule the Stageシリーズ、舞台『千と千尋の神隠し』を担当。

【80年代の古着】 80年代のNYという設定に合わせて、スーツやチャイナドレスなどの特注したもの以外はすべて80年代の古着で構成しています。ただそのままのシルエットではキャストの体型がカッコよく見えないものもあるので、例えばアッシュのジージャン、英二のスタジャンは一度パーツごとにバラバラにして、5ミリ詰めたり生地を削ったり、背中にふくらみをもたせるためにチュールを仕込んだり、細かい調整を入れて再構築しています。今回はいかにその人物の日常が服に見えてくるか、ということが大切だと考え、デニムのほころびも靴の汚れも基本的にはそのまま残していました。ちなみにシンのタンクトップは色を抜いて色褪せた風合いを出し、ショーターはお気に入りをずっと着ているのではないかと想像し、ほかの人物よりタンクトップをくたっとさせ、わざと汗染みの加工もしています。ほかにも青い照明でも白く見えるように、白シャツにはベージュの色を入れています。靴紐の結び方も人物によって変えていて、シンは素早く動くために足首を固定するのではないかと思い、ぐるぐる巻きにしています。

【バーバラのナース服】 原作ファンとしてはどうしても実現したくて、演出の松崎さんにご相談しました。進行上、着る場面がないので唐突に着て出てくると不自然だったので、〝脱ぎかけ〟という絶妙なスタイルになりました。

【ラストの英二の靴】 実は［後編］のラストだけ、あえて英二の靴をビジュアル撮影に使用した革靴に替えています。アッシュはNY、英二は日本へ帰る…ふたりの生きる世界が変わることを表現したいと思いました。

80年代の古着を緻密に再構築。登場人物の日常が伝わる、ミリ単位で調整した衣裳

ヘアメイク
小竹珠代

Hair & Makeup

Tamayo Kotake

ヘアサロン勤務を経て渡仏。帰国後は雑誌・広告・ショー・MV・TV、ミュージシャンの担当等多方面でヘアメイクとして活躍。著書に『コスプレ ウィッグ バイブル』（文化出版局）がある。

【地毛のようなウィッグ】 ウィッグはすべて手作りしています。今回は地毛のキャストが多いので特にナチュラルさを大事にしています。例えば、アッシュの場合は髪が動いてフェースラインが見えたとき、自然に見えるように工夫したり、頭頂部も自然なつむじになるように編んだり、稽古動画でパルクールで飛んだときにご本人の地毛だとどんな感じに動くのかを確認して、同じに見えるよう何度もウィッグを振って調整しています。個人的にアッシュにはいつも風が吹いているイメージがあり、それを再現したいと思いました。タキシードのときは原作通りにオールバック、メガネのときは少しだけ前髪を出す、スーツのときはコーミングなど本番でもスタイリングごとにアレンジを変えています。ブランカもバスローブのときは椿油で濡れた感じに仕上げています。反対に地毛のマックスは硬めにセットしたり、オーサーはヘアを作り込んだり、地毛のキャストさんが毎日シャンプーするようにウィッグも頻繁に洗ったり。ウィッグと地毛のトーンが全体的に見てバランスがとれるように心がけました。

【月龍のパーティヘア】 月龍のエクステは常にサラサラになるようにメンテナンスしていました。［後編］のパーティドレスでは赤い花がいいなと思い、不吉なイメージが怪しく美しい彼岸花を付けています。

【ナチュラルメイク】 リアルな世界観に合わせてメイクをしていないように見えることを心がけました。外国人役の方々は目のキワや上まぶたに赤茶やオレンジのシャドウをのせて、皮膚が薄い感じに仕上げています。

本人の地毛の動き方を研究。ナチュラルさを追求した手作りのアッシュのウィッグ

BANANA FISH The Stage
公式メモリアルフォトブック

2022年5月23日　初版第1刷発行

デザイン　ユミ山本（La Pie désign）
校閲　出版クォリティーセンター　小学館クリエイティブ
制作　松田雄一郎
宣伝　田島 遥　戸板麻子
販売　大下英則
企画・編集　古澤 泉

協力　ホリプロ　BARREL　GVM　3WAYS CREATION
ベンヌ　ドルチェスター　ソサエティ オブ スタイル　エンパシィ

原作協力　古川麻子（月刊 flowers 編集部）

Special Thanks　松本美千穂　各務裕梨佳

監修　「BANANA FISH」The Stage 製作委員会

発行者　沢辺伸政
発行所　株式会社 小学館
〒101−8001　東京都千代田区一ツ橋2−3−1
☎ 03·3230·5304（編集）　☎ 03·5281·3555（販売）
印刷所　凸版印刷株式会社　株式会社トーツヤ·エコー
製本所　牧製本印刷株式会社

Printed in Japan

ISBN978-4-09-682393-4